완벽한게 아니라

살람

잘 하려고 애 쓰는

정 이 담

지음

Remerciements

Je tiens à remercier Chae-rin qui ne cesse de m'apporter son soutien et ses encouragements malgré mes écrits maladroits. Je vous souhaite, comme toujours, beaucoup de bonheur et une bonne santé.

들어가며

가끔은 한바탕 울음을 쏟아내는 카타르시스(catharsis)가 삶에 요긴하다. 스스로 가지고 있는 연민을 정화시키는 것으로 세월의 틈새를 메워주기 때문이다. 세월을 쌓여갈수록 그렇다. 다 아는 것이니 굳이 애써 자신이 가지는 초조함과 두려움을 감출 필요는 없고 직면한 고뇌(苦惱) 따위로 삶을 낭비할 필요가 없기 때문이다.

기실, 오늘을 사는 우리는 그러한 것들은 밖으로 표출함으로써 해소시켜야 할 것들이 적지 않다. 그리고 그 량도 그렇다. 하루하루가 꿈만 같다는 말이 그렇다. 꿈같지만 꿈을 꾸는 거와 다르다. 억눌리는 것들로부터 자유로워야할 이유는 토해내듯이 많다. 하지만 그것을 위한 것들은 의외로 찾기가 쉽지 않고 있다고 하여도 그것을 다루는 데도 익숙하지 않다. 게다가 독립적 존재라고 믿고 있으나 실상은 그렇지 못하다. 의존하고 있다는 것을 발견하지 못하는 의존적 존재로 살아가는 탓이다.

그러한 삶에서도 일탈적 도구(escapade)는 기능적이다. 물론, 이 졸저가 그러한 역할을 감당할지는 던어하기 어렵다. 그저 바랄 뿐이다. 나아가 졸저에 드리우는 것들이 필자의 푸념을 늘어놓은 것 같은 탓이기도 하다. 시니피앙(記表 signifiant)와 시니피에기의(記意 signifié)사이에서 동원된 어휘들과 그 풀이에 대한 것은 읽는 이의 몫이라 하여도 그렇다. 그럼에도 불구하고 우리는 '꿈 그리고 사랑(Rêve et amour)'이라는 삶의 '윤활성체

(lubrifiant)'를 지니고 있어야 살 수 있는 나약한 존재라는 것을 망각할 수도 없다. 비단 누구에게 전유되는 해당체가 아니기 때문이다. 이번 졸저의 목적은 필자와 독자의 공감에서 출발하고 끝을 내지는 못했다. 인생은 끝내는 데 목적이 있는 것이 아니라 사는 동안 삶에 주어진 것에 대한 '도리와 경우(Les obligations et les circonstances)'를 더불어 생각하는 데 두었다.

얼마나 우리는 우리의 삶에 의리를 지키고 있는가? 생각할 일이다.

앞서. 우리의 삶이 억눌리고 있다고 여겼다. 과연 그런가를 되새길 필요도 있다. 스스로가 얽매며 누르고 있는 것은 아닌가 하는 것이다. 자유를 바라면서도 '스스로 갇힌 새장 속의 새는 아니었던가를 되돌아보자는 것이다. 비구상의 자유로운 영혼이라는 시인과 작가들의 상상력이 얼마나 삶에 이롭게

다가갈 지는 단언할 수 없어도 떼어내지도 못한다. 그렇다면 의존하는 존재를 모색하는 것도 삶이 주는 무게에서 벗어날 수는 있다. 하지만 의존은 의존할 존재와 도구가 사라진다면 또 삶의 짐에 들어야 한다.

 그래서 필자는 말한다. 의존하게 하는 존재가 되어보자는 것이다. 그보다는 '차라리' 하는 자유로운 존재로서, 즉 받는 것이 아니라 주는 것이 더 낫다(Il vaut mieux donner que recevoir). 졸저의 상당수를 차지하는 '사랑과 그대(L'amour et toi)'는 그러한 존재를 위한 이타적 헌신과 신뢰를 뜻한다. 물론 뜻한다고 내놓기는 했다. 더러 직접적으로 그리고 간접적으로 특정의 대상을 위한 것으로 비칠 여지를 둔 것도 있다. 하지만 억눌린 삶의 무게에서 벗어날 가치를 순수성으로 승화하지는 않았지만 탈출의 길로서 소재와 제재로 원용한 것은 일차적이다. 졸저의 제목, 〈완벽한 게 아니라 잘 하려고 애쓰는〉이라는 어구는 '삶', '사람' 그리고 '사랑'이라는 다목적용으로 활용하고자 하였다.

여전히 그리고 차후에도 필자의 생각이 보다 많은 이들에게 설득력이 있을 지는 투명하지 못하다. 그렇지만 이타적 존재(Être altruiste)로서 한 사람에게만이라도 그렇게 다가갈 수 있다면 이 졸저를 잉태한 가치는 충분조건이 될 것으로 믿는다. 〈완벽한게 아니라 잘 하려고 애쓰는〉는 최선이 아니라 차선적 민낯이다. '삶'과 '사람'의 관계, '삶'과 '사랑', '사람과 사랑' 그리고 '삶과 사랑'의 교차관계를 고려하면 미완이라는 전체의 여정에서 억척스럽게 고집할 것도 아니라는 것을 발견하게 된다.

하지만, 그것을 끊어내기가 쉽지 않다. 쉽지 않은 게 아니라 어렵다. 이런 면에서 졸저의 두 번째 목적이 여기서 생성된다. 무작정 쉴 건 아니니 사는 동안 틈나는 대로 문학적 위로와 위안을 통한 자유로운 존재를 확인하자는 데 있다. 아무도 원하지 않은 외로운 늪에 처할 것이 아니라 것이다. 이르자면

'자신을 사랑하는 것(S'aimer soi-même)'도 포함된다. 그리고 '자신을 사랑하며 자신을 사랑해줄 또 다른 자신(내면의 존재)'을 그림자처럼 동반하는 것이다.

 주절거리고 있으나 앞서 언급한 것들은 필자에 하는 말이면서 동시에 필자와 같은 이들을 위한 것이었다. 한번쯤 자신을 위로할 수단과 도구로서 이 졸저가 읽혀지기를 바란다는 말로 가름한다.

완산칠봉을 보며
2025년 9월 초 정이담 배상

삶
사람
사랑

| 차 례 |

들어가며	i	24	오늘에라도 지친 삶
가을 잎새	1	25	나, 기다리어라
가을의 고백	2	26	나만 아는 사랑
겨우살이	4	28	나무처럼
겨울비 단상	6	29	나쁜 남자
고전	8	30	내가 사는 이유
고향의 봄	9	32	내 사랑
그 사람	10	33	너
그대	11	34	너바라기
그대 목소리	12	35	너에 겨워
그대 미소	14	38	님 I
그대 있어서	15	40	님 II
그대가 꽃인 걸	16	42	님이여
그대에게서 희망을	17	43	님의 동백
그대에게서 희망을 II	18	44	님의 명상록
꽃	19	46	님의 향기
꽃 하나	20	47	능소화
꽃의 꿈	21	48	단꿈의 노스탤지어
꽃잎	22	50	동백연정
꽃창포 옆에서	23	51	들녘 사랑

52	머플러	82	사랑의 바위
54	마음쪽지	84	사랑의 미소
55	무화과	85	사랑의 정체
56	모련(慕戀)	86	사랑이란
57	바위의 눈동자	87	산다는 것은
58	밤별	88	살아가는 인연
59	백설화(白雪花)	90	살아야 할 까닭
61	별리	91	삶의 본능
62	봄비에 꽃은 피고	92	3월의 임이여!
65	봄의 그대	94	수련
66	봄의 응답	95	숲에는 시가 있다
68	봄은 아프게 온다	96	쉼터
70	붉은 장미	97	아카시
71	사랑 계절	98	애달맞이
72	사랑 그 한마디	100	어느 여름의 단꿈
74	사랑, 그 한 마디가	102	여린 창포
76	사랑 그것	104	연(緣)
77	사랑	105	예쁜 가을의 이유
78	사랑의 느낌표	106	오늘 그리고 꽃과 나
80	사랑의 무적막(無寂寞)	108	이 가슴의 애(愛)

| 차 례 |

110 이 삶에 목련같이
113 이 삶의 희망
114 이 삶의 햇살
116 2월의 연(戀)
117 이유 있는 고독
118 인연(因緣)
119 참사랑 I
120 참사랑 II
121 청춘은 늙지 않는다
122 초설(初雪)
124 코스모스
125 콩깍지
126 푸른 이파리
127 풀잎의 봄
128 햇살
129 행복을 묻는다면
130 호반의 원추리
131 환상으로부터
132 오컬티즘(Occultism)의 인문학

삶

사람

사랑

가을 잎새

석양에 저 빛들 세월에 깊어지고
고샅에 기우는 햇볕을 그리워할까
바람이 아니더라도 흔들리지 않을 지

한 잎에 또 한 잎을 붉게 물이 들면
엷도록 여미우고 가슴의 연서려니
이르지 못한 마음에 지피는 불이어라

가을의 고백

낙엽이 이쁜 날에 바람이 지나가고
계절의 정체를 묻는 그림자에게
하늘은 호수를 담고
사랑하기 좋은 계절이라고
설레는 방백에 젖어
뜨거웠던 여름을 기억하며
이 가을에
이 가을에
안부를 묻는 것은
잘못된 것일까요

궁금하고 조바심도 나서요
저녁놀이 짙어
가을이 늦기 전에
더 깊숙이 조여드는 그리움으로

이파리 더 물들어가기 전에
다 받아 줄 존재의 미소로
나는
나는
사랑한다는 이 가슴을 보냅니다

겨우살이

저 허공의 다리를 건너갈 수 있을까!
겨울이 오면 더 그 정체를 들키고
죽기 전에 남은 삶의 일원(一願)이라면
굉음으로 떨어지는 어떤 물음에도
지팡이로 보이는 빗방울처럼
한 줄기에 답하고 싶지 않다.
받을 때만 치근덕거리며 고름 진 세월에
아부와 아첨을 못 하는
그만한 까닭이야 있을 리 있는데
같지 않은 말에도 살아있는 한
죽기 전에 한 번만이라도
아름다워야 할 몽니의 기도는 통하지 않는다
상처받은 삶은 정열의 촉매로 아물어지는 것이라고
겨울비에 흐느끼면

꿈이 큰 탓에 그 조각도 커지고
색 바래어지는 태양의 그림자에
무릎을 꿇는다고 해도
도망치지 말아야 하는 것은
그 사람을 위한 사랑의 약이 되가는 것이다
사전(死前)에 마지막으로 갈구의 바램은 간단하다
지난 자취에 대한 잔명(殘命)의 보험을 덜어
건너지 못한 다리 앞에서
더는 쫓겨 갈 곳도 없이
개울가 조약돌 곁으로 맑은 물이 흐르고
푸른빛에 창포가 오른 그곳에서
무엇으로 사는가를 물어오거든
'사랑뿐이었다' 그 한 마디 이르며
잠시라도 머물다가 떠나가고 싶다

겨울비 단상

모두가 아름답지만
삶의 눈금을 재단하면서
내리는 것은 아니라며
비는 계절을 가리지 않고
살아가는 까닭을 묻지 않는다

언짢은 것이라며
질문에 답하지 않아도
어떻게 행복한지를 이르지도 못한 채
겨울, 사계를 완성하려는 찰나
못다 주었던 지난난의 상념
하얀 눈 대신에 미련의 흔적으로
비가 내린다

없어도 할 수 있는 그리움으로

행복한 것들을 채워야지
그렇게 사랑을 해야 한다고
낙엽 없는 빈 가지에
차가운 가슴을 널어놓고
열정이 있지 않는 멀겋게 멀어버린
영혼 없는 멍한 눈으로
모두가 아름답지만
그대 하나로 소중한 것을

겨울 소낙비는 뚝뚝 떨어지고
쏟아내는 주절거림은 계속되고
그 날에도
소중한 것은 그대이면 된다는
그 중얼거리며 사는 까닭을 되뇐다

고전

내안의 그대를
사랑하는 까닭이라면
좋은 것만 떠오르게 하는
아름다운 이가 있기 때문이다
그 생각하는 것으로
좋은 삶이다

고향의 봄

기리면 오겠다고
졸린 2월의 새들의 눈에도
곰살궂은 달이 뜨고
횃대에 쉬지 않은
구름이 햇살의 길을 열어주면
머지않아 그날이 되어
새털 같은 날들에
둥지 굳은 산나물 놓으며
가는 허리춤에 비는 손 굽어
기도하는 그림자 작아지는데
장독에 얹은 그릇에 살얼음이 녹으면
봄은 어머니 입김에서 새어 나와
실 같은 개울물이 흐르겠다

그 사람

햇볕 웅크린 어느 날
향기는 품어납니다
둘러보니 그랬습니다
꽃은 필요한 곳에 피어나고
있어야 할 곳에 그 사람이 있습니다
그대라는 당신입니다

그대

그대
어떻게 봐도 이쁩니다

그대 목소리

인생이란 무엇인가
누군가 읊어준 노래가 들리고
수많은 경험을 통해 신경이 주눅이 들면
위축된 순간에 무언가에 몰두하는 것이
가장 좋은 쉼터인 줄 알았습니다

끊임없는 미로의 연속처럼
인생은 시작되고 또 끝을 맺고
다시 시작되고 다시 끝을 맺는
단조로운 삶에 대한 넋두리도 없이
독특한 시선으로 보여줌도 없이
의외로 단순하다 못해
심심하게 느껴질 이 인생에서
누리 향한 사랑의 마음 듬뿍 담아
아낌없이 향기를 보내주는 꽃으로

살면서 그냥 지나칠 법도 한 데
너무도 인간적인 말을 건네 줄 적에
그리워하는 향수의 아픔보다는
느낀 감정들을 있는 그대로 생생하게
꿋꿋이 변함없이 기다리는 사랑으로
다시 삶의 순간 속에서
또 인생을 말하렵니다

시를 짓는 인생을 엮는다면
언제나 기대할 수 있는
진실한 사랑으로
그대 있다고 말하렵니다

이 말을 하는데 너무 오래 걸렸습니다

그대 미소

아침 햇살이 반가워
빼곡하게 적혀있는
고달픈 흔적을 지울 수 있도록
이 삶은 낭비의 자취가 아니었다고
보이지 않아 헤매 덤불을 쫓아
잃어버린 사랑의 감각 속으로
깨진 구름 사이로 빛을 여는
보조개 이쁜 요정의 미소
아름다움이란 그런 것인가 봅니다

이 모든 것 그대를 이르는
나만의 행복입니다

그대 있어서

보기만 해도 즐겁다
생각만 해도 행복하다
이 가슴 두근거린다
이 삶을 사랑할 수 있다

그대가 있어서

그대가 꽃인 걸

꽃이 좋은 건
꽃이기 때문이다
꽃을 찾는 건
말이 없기 때문이다
꽃을 보는 건
늘 웃는 모습이기 때문이다
꽃 앞에 서는 건
다투지 않고 피기 때문이다
언제나 꽃을 향하는 건
꽃을 보지 못한 마음이다
굳이 이르지 않아도
꼭 들리지 않아도
다 아는 까닭이라서

꽃을 보는 데 이유가 있어야 할까
오늘도 묵묵한 아름다움으로
그대가 꽃인 걸

그대에게서 희망을

내게는 늬가 제일 이쁜데
나보고 뭘 더 어떻게 하라고
늬면 되

못 살아도
그것으로 아프지 말자
서로 희망이면 되지 않을까

그대에게서 희망을 II

어둠을 밀어내는 샛별
빛을 읽으면
가슴으로 우러나는 이슬
그리움 맺힌 결정으로
붉은 햇살이 여명의 꽃이 되야
보아 고우리라고
그니의 매무새로 여겨 품는다
없을 것 같은 기운이 솟아
느끼나 알 수 없어도
행복이란 이런 것이라고
이뻐서만 사랑스러운 것이 아니라
사랑스러워 아름다운 것이라며
행복하다는 것은 그대가 있다는 거

아침이 찬란한 까닭은 그것이다

꽃

그대의 다른 이름

오래 더 보아야 하는 까닭이다

꽃 하나

사람들은 말합니다
꽃들이 많이 있다고요
아무리 둘러보아도
내겐 꽃은 당신 하나입니다

꽃의 꿈

이쁘더라니 꽃이어라
견주기도 어렵더라니
그래도
가장 이쁘다는 말을 할 수 없더라
그대가 있어서!

꽃잎

비가 그치는 날에
무지개가 이쁘다 하고
꽃들이 피어나는 날엔
또 꽃들이 아름답다 하는데
나는 말을 하지 않았습니다
무지개가 이쁜지
저 꽃들이 더 아름다운지
묻는 물음에
소중하게
나는 당신을 바라봅니다

꽃창포 옆에서

오늘 꽃이 피지 않는다고
내일을 향한 시련을 버틸 수 있다면
덤덤한 것이어도
슬퍼 할 수 없다
마음이 무거워지면
돌려받지 못한 삶이겠지만
찬바람이 부는 양털 구름들 사이로
희미하게도 보낼 것이 너무 많아
비가 오는 날에도
하늘에 피어나는 무지개 위에
길을 잃지 않았다면
새로운 곳을 향하고
내일은 웃을 수 있다고
오늘 꽃이 피지 않는다 하여도
찬바람에 몸을 떨어도

오늘에라도 지친 삶

비가 올 때도 마지막 날은 아니어서
언제라도 사라지지 않은 별 하나 있어
사랑을 위해 죽을 만큼 사는 오늘에
웃을 내일에 그 삶은 거는 것이지

나, 기다리어라

나, 기다리어라
굳게 닫힌 문이라면 억지로 열지 않으리라
들판의 꽃이 향기를 멈추어도
잠시 지나갈 비에 같이 울어 슬퍼도
보이지 않은 길이라도 초조해 하지 않으리라
그치지 않을 비는 없고
해는 다시 뜰 것이니
조급하다고 필요의 때맞게
문이 열리는 것은 아니 그러하고
길이 보이는 것은 아니 없었으니
바람과 햇살 때로는 별빛마저 드는 곳에서
놓아 기다리며
그리고 웃어 보이며
마지막 빗방울에 걸리는 무지개에서
나, 그대 기다리어라

나만 아는 사랑

바람에 구름 태워
그리움은 하늘에 띄우고
파도에 포말 실어
보고픔은 바다에 전한다
어디에 있을 거라며
지금도 소식을 기다릴 거라고
벌써 지난 봄들은 익어가고
다시 봄이 돌아오는 데
님의 답장이 늦는 것은
아직도 닳지 못해
두근거리는 이 마음 탓이라며
또 봄이 여물기 전에
그 님에게
사랑하는 내 님에게
봄의 미소를 한아름 보내 주어야겠다

이 작은 가슴에
끝없이 헤매이던 한없는 심연으로
눌러 두었단 말을
다 읽기 전에 먼저 말해야겠다
그대이니까!
사랑이라고!

나무처럼

너는 서있고
나는 보았다
낙엽보다 많은 날들
잊을 듯 잊힐 듯
세월의 아득함
그건 몰라도 좋을
여느 즐거움으로 사는 건
주는 얻음에 있고
고마운 건 너였노라고
바람으로 읊조리는
너는 서있고
나는 보았다

나쁜 남자

너
네게 많은 걸 바라지마

꽃 앞에서
뭔 말을 하라고

이쁘고 사랑스럽다는
그것 밖에 모르니까

내가 사는 이유

그 언제를 모를 어둠처럼
까마귀 떼의 먹구름 밀려들어
거침없는 포말에도
꿋꿋한 갯바위는 누군가를 기다리고
살갗으로 눈 위에 올라 맞이하는
시린 겨를에 눈물은 삶이었다고
하얗게 붙는 눈꽃을 녹이고
새 생명이 태어나는 것을 보고서야
갈라진 틈 새 한 줌의 줄기에
나는 울어야 한다
너무 늦었다는 원망을 잊어야 하는 건
쉴 새 없는 파도는 고달프고
끊임없이 유영하는 시지프스(Sisyphus)의
신화 속에 존재가 있다는 그것으로
흘러가고 다시 오는 자극하는 세월, 그리고

빙하의 찬 서리들 밟아도

살아가야 하고 또 죽어가야 하며

갈 까마귀의 비상 속에서

또다시 살아가는 것을 체화하면서

물상화를 벗어나는 한 가지를 고르라면

찾아야 할 것은 어둠에도

고귀하고 성스러운 그대이기에

짧은 시간에 해야 할 건

아깝지 않으며 주어도

웃어 다 주는 사랑에 이유는 없다

웃어 아름다운 그대를 보는 것으로

이미 선물이다

내 사랑

언제나
앞에만 서면 항상 서툴러진다
그래서 웃어야 했다
그토록 많이 연습했는데
배워 쌓는 것이 아니고
맞춰가는 것도 아니다
다른 것을 받아들이는 것도 아니다
조급해하며 이해하는 것도 아니다
마주하는 그것으로
그냥 좋은 그것으로
등혹을 진 낙타의 사막에도
물을 마시지 못한다고 해도
늘 처음처럼 그냥 믿는 그것이니까

너

그러더라
이따금 아니 종종
그러더라
웃을 때 네가 있는 게 아니라
네가 있어서 웃을 수 있더라
행복하지 않아도
슬프지도 않아야 하는데
울고 싶은 날에도
웃고 싶은 날에도
나는 하늘에 기도를 했다
한 사람이면 된다고
그 소중한 사람을 만나게 해 달라고
아직도 나는 준 것이 없는데
그러더라
눈물 나도록
너를 보고 세상이 고맙더라

너바라기

삶의 그늘을 잊는다
한 점만 응시하고
너를
사랑이라고 정한다
바라 볼 수 있는 것으로도
행복은 이미 들어왔다
너의 미소
그것이면 된다고
오늘을 견딘다

너에 겨워

숲속의 작은 새들 지저귀고
바람에 스쳐 이는 떠올림엔

비우라 하라는데 그게 안 돼
천천히 하라는데 그게 안 돼
과하지 말라는데 그게 안 돼
넘치지 말라는데 그게 안 돼

가진 것 내려 봐도 다시 쥐고
멈추어 쉬려해도 다시 가고
적을까 헤아리며 다시 담고
행여나 잃을까 다시 보고

티끌이 날려 와 휩싸여도
먼지를 뒤집어쓴다 해도

오늘도
황홀한 슬픔에 잠들어도
그저 웃는 건
너여서 너여서
너에 겨워서
눈이 내리면 울자구나

삶이 지치면 하늘도 운다
그래서 가끔은 하얗게 울어도 좋다

구름에 바람을 태워
시름과 근심을 이고
낙조에 흩어지는 노을 속으로
아무 생각이 없이 멍하니 서서
별이 내려준 빛을 밟고 주춤거려도 좋다

흔들리는 그림자는 어둠에 있고
아득히 멀어지는 바램은 또 멀리 있는데

앞선 마음의 허울을 쓰고
구름이 사라진 허공으로
또 다시 바람이 계곡을 타고 흐르면
어느 종소리 있어 뫼마루 울리고
암자의 경 읽는 울림은 귓가를 스쳐올 때

상념과 단상을 오가며
울먹이는 가슴으로도
놓아야 할 것이라며
아직도 아니 그 어느 때에도
놓아진 그늘의 허물을 붙잡고

그대여!
하얗게 눈이 내리면
울고 싶을 때 실컷 울자구나
나도 같이 울어 줄 것이니까
다시 구름에 바람이 지나고
시린 골짜기 하얀 눈꽃이 오르고
멀리 별들이 흩어진 구름 사이로 비칠 때까지

님 I

눈을 감아도 알 수 있어
나는 숨을 멈추어야 한다
찰나
돌아서는 귀퉁이에
후광이 따라다니는 향기의 여울
고이 길어진 여운에 피어나는 환희
막 터트리는 봉오리로
하얗게 피어나고
또 피어나는 꽃보다 꽃다워
기다림에 짙은 어둠의 녘을 밝히며
굳이 닿지 않아도 이쁘언데
그 맵시, 또 보아도 더 고이
별빛을 모은 이슬에
그 꽃잎이기에
뚝뚝 떨어지는

그 미소는 순정의 고백이 되고
뭇 잎들에 묻혀 가려도
설레이게도
가장 아름다운 자격으로
두근거리는 가슴에 사랑을 밀어 넣는다

님 II

저 산 멀리 뫼 허리에
하얀 안개 쉬며 넘어가고
길게 내쉬어 나리는 한 숨이 비이려니

해무는 사라지고 짙어지는 안개 속에서
뵈일 듯 뵈일 듯
돌아서던 그날 밤
가지 못하였던 이 몸인데
가지 못하였던 이 마음인데
님은 아셨을 것이라는 그 아쉬움에
언제 다시 올 것이라는
그 인사는 길어 울어 넘었다

이 마음 아는 이 비에
그리움이 녹는 빗물에

아직도 그치지 못한 탓이런가
빗물은 아니 보이고
글썽이는 가슴 속에
설레던 그 밤을 잊을 수 없어서
이 비 그치기 전에
이 길이 빗물에 잠기기 전에
또 보고 싶은 사랑을 외친다
가야할 길은 정해졌으니
나서야 한다고
그 님이 그곳에 계신 곳을 향하여

님이여

쪽빛에 비늘 치는 허공을 올려보고
여무는 붉은 단풍 곱다고 들리언 디
아무리 견주려 해도 내님을 못 따르네

님의 동백

보아도 어리올듯 보듬어 으깨질듯
꽃 채운 그 봉오리 이봄에 그느릴 제
그 뉘의 사랑일런지, 끌끌하다 이르리!

한 잎에 또 한 잎에 채양을 눌러쓰듯
고이도 물들여서 홍단을 두를 적에
님이라 해야 하런지, 번져가는 미소여!

*

그느리다: 소중히 보살피다

끌끌하다: 마음이 맑고 바르고 정갈하다

님의 명상록

언제를 모를 그날처럼
갈라지는 개벽은 님의 아침을 빚는다
3월의 봉오리는 아직 꽃이 아니어도
연모의 기억을 빚기에
4월의 문틈이 춥다는
긴 밤의 꿈을 지우는 데는
그리 오래 걸리지 않는다
발밑에 서성이는 이슬을 밟아도
허공에만 있는 줄 알았는데
물위에 구름 떠가고
하얀 그림자 사이로
연둣빛 버들이 어깨를 감싸고
호수는 그림자의 그늘을 지운다
찰나, 새소리에 놀란
바람이 꼬리에 물결치면

꼼지락거리는 햇살이 배달 보내어
생강나무 퍼진 꽃 빛으로
윤슬에 구름이 시를 쓰고 지나가면서
그때 만나게 되는 길을 생각하며

님의 향기

밤새 별빛모아
가지 끝 아름다이
꽃 하나 작게
눈 속에 피어내고
멀리 있는데
눈 감아도 알 수 있다
어디 있어도!

능소화

그대,
슬퍼 고운 사랑이여!
무엇을 지키기 위해서
넘지 못한 것이던가
가지 못했던
하지만 만나야 할 연(緣)을 어기던
그 갇혀 서러웠다는 것마저
이뻐서 너무 이뻐서
슬퍼해야 했던
가슴 시리던 지난 그리움
이제는 아프지 말라고
돌아와 꼭 안아야 하는
눈물 한 방울도 허용할 수 없이
내가 허락한 나의 꽃이여!

단꿈의 노스탤지어

바람과 햇살이 순박했던 단꿈으로
창문에 들어오면
새하얀 커튼이 너울거리고
춤을 춘다며 까르르 웃을 수 있어
아무 것도 몰라도 되는
그 순간은 영원하였다
작은 탁자 딛고
등받이 의자에 턱을 괴면서
바다 끝에 무엇도 없다는 생각은 없었고
미소 하나에 세상 한 가득
참 맑은 날들이었다

아직도 꿈을 꾼다
나이를 몰라도 되는 웃음으로
나풀거리는 커튼의 쓸림으로

의자 나란히 같이 두면서
날마다 지어낸 전설에
저 끝 바닷가에 인어는 살 수 있다고

세월이 흐른다 해도
햇살과 바람은 변함이 없고
멀리 떨어져 있다 하여도
바다와 인어는 전설에 살아있고

나의 꿈이여
내가 원하는 것은
늬내가 원하는 것과 같아서
그때의 단꿈을 간직하는
그 순간은 영원해야 할 지금이다

동백연정

올려서 보는 하늘 떠오른 벽공인디
눈앞에 어른거린 그 님을 생각할 제
붉게도 사랑 담아서 꽃잎을 피어낸다

한 잎은 웃입술로 또 한 잎 아랫입술
다문 듯 날아오듯 바람에 날릴 적에
연정의 그 마음이야, 풍겨오는 늬 향기

지긋이 바라보고 한 번 더 다시 본데
아무리 그윽하게 바라본 꽃이어도
살포시 고이 어여쁜 내 임만 못하여라

들녘 사랑

너른 들녘이 누렇다
대신 당신의 속이 타들어가며
저 벼들이 익어갔을 테니

그렇게 살아온 나를
이기지 못한 건
약하신 줄 알았더니
더 사랑하시는 거라는 걸
저 벼들도 알아가고 있는 중이겠다

머플리

보이는 만큼 보이고
믿는 만큼 사랑을 느낀다는데
걸음이 늘어지고
그림자가 길어지고
신발이 헤어져도
버릴 수는 없는 것이 있어

있잖아,
모두 두렵지 않은 삶은 없어
바람에 춥지 않게
어둠도 가릴 수 있게
시리운 언제의 그날이어도
그대를 보며
사랑이라고 믿으려고!

있잖아,
이런 머플러 하나는 장만해야
살아갈 수 있거든
그 머플러가 돼 보려고 해
그리고...

마음쪽지

더러 직설적이어도
당연한 것이 부정되지 않겠지
호수에서 빛이 나올 리 없이
별이 뜨면 절로 수면에 반사되는
이것은 당연한 것이지
그런 면에서
얼른 알아보지 못한 건
이쪽의 잘못이라는 것을 부정하지 않아
더워서 여름이라고
추워서 겨울인 것도
그 본질은 변하지 않기 때문이야
그대가 아름다운 것처럼 말이야
부정할 수 없고 변할 수도 없는 건
사랑한다는 그것이야
표현하는 것이 서툴 뿐
그냥 그것뿐이야

무화과

무초에 그늘 없는 곳
너른 잎으로
볕 가려주며
왼손이 하는 일
오른 손이 모르고 있네
뉘를 대신하여
생색 없는 화려함 뒤로
나그네 괴로웁거든
한 곳 한마음 오롯이
허기 달래 주는
성자의 꽃을 품은 그대여

모련(慕戀)

봄볕이 가슴 닿아 바람은 따스하고
꽃잎에 눈을 두어 떠오는 그 님이여!
향기는 이리 오는데 그 언제 뵈올꼬!

햇살의 그 밝음이 이 꽃에 나리오고
보고픈 이 마음은 모련의 세월이라!
포도시 가다듬고도 님 다시 떠오른다

바위의 눈동자

노을을 가린 잿빛 봄날에
가는 빗방울 뿌옇게
들판에 바람을 불러 모은다
하늘에 출렁이는 그것이
별들을 감춘 어둠일지라도
마음을 접지 않는 한
어디에도 흘린 눈물을
빛은 저버리지 않더라
늦을지라도
그치지 않는 비는 없다며
구름 사이로 샛별이 보이고
풀잎이 건네주는 물 한 방울에
젖은 바위 언저리에서
여명의 눈동자가 반짝거린다

밤별

뜻대로 되지 않더라
걱정대로 되는 것도 아니더라
다 이룰 수도 없더라

하지만
하지만

밀어내지만 않는다면
늬 곁에 있는 건
할 수 있어
하늘의 별들이 그러는 것처럼
다 이룰 수도 없어도

백설화(白雪花)

지나간 것은 다시 올 수 없다

그것이 꿈꾸는 추억으로 멈추면
따스한 볕에도 가슴은 시리다고
늘 그러하던 날에도
흐드러진 꽃인 양
아련한 사연을 품고
또 누군가를 그리워해야 한다
그 사람은 멀리 있고
품어 떠나던 곳에
돌아와 이렇게 서있으면
나를 닮은 꽃들이 돌아오는
그날은 다시 올 수 없는 날이라고
기다리는 것은 그렇게 슬펐다
사랑이 되는 사람이라면

마지막에 보는 행복이 아니라
언제나 보아야 한다고
그래서가 아니라
너여서 보고 싶은 게다

눈이 내리면 고집 부리며
그림자 없는 그리움을 하얗게 지우련다
늬가 보고 싶다

별리

그래 우는거야
때론 울어버려
흐린 날엔 하늘 보지 말자
흐린 날엔 같이 울어 버리자
하얗게 흩어져 가고
후련히 우는 널 업고
등에 내리는 이 빗물

세월 가라하고
미련 지워내고
이 세상 흩어진다고 해도
개울가 풀잎 끝 빗방울처럼
비오는 날 울고 있단다
자꾸 눈물을 감추려는 데
다행이 사랑은 사라지지 않는다

봄비에 꽃은 피고

곱더라, 꽃이 있어 풍지다 그리할까
있으나 아니뵈도 없으나 피어날 걸
어느 꽃향기 필 적에 이 몸을 깨우더라

미덥지 못하다고 사립문 아니 열고
헛기침 수상하야 한 숨에 속 탈 적에
시밖에 나린 이슬이 비 되어 흐르더라

바람에 아니 뭔다 땅속에 스미오고
어느 때 그 안으로 설움을 묻어둘 제
한 나무 늘어져 가도 사랑도 깊어진다

꺼멓게 번져가던 껍질에 갇히올까
알아도 묻지 못한 그늘의 근심인디
나리는 봄의 사랑은 가리지 않더라

어두워 가린 곳에 흐르는 슬픔인 양
아비의 그 속으로 말없이 자리할 제
늘어간 그 주름에도 희망은 그 있더라

밭 갈아 일구오던 손마디 굵어지고
아는지 모르는지 가슴은 꺼칠혀도
고이는 그 사랑에는 세월이 그 없더라

언제랴, 다짐해도 오가는 흐름이야
붙들어 아니 일러 피워 낼 봄이라면
타버린 그 안이어도 봄꽃을 피워낸다

한 주름 꽃잎 틔고 또 한 잎 품어내고
한 팔에 안아 두고 너른 등 업을 적에
무엇에 그 견주올까, 아프지 못한 것을!

그을린 애이어도 또 돋을 것이라며
모이어 옹기종기 터지는 웃음일 때
찰나의 이 삶들에도 헛일은 아니라네

들숨에 날아갈까 날숨에 들리올까
허공에 기저귀는 춘조에 창을 열 제
꽃인가 웃지 못하고 그리움이더라!

봄의 그대

하얀 서리 창문에 맺히고
마른 흙이 젖어간다
아무런 말도 없이
뜨거운 엽차를 들고
비 사이로 새소리 들리고
미소가 달콤한 그리움에 젖어간다
미울 수 마음으로
만나야 할 것이라며
몹시 겨워 그대 그리워서
너무나 미울 수 없어서
봄비가 나린다
이제 임을 볼 수 있겠다

봄의 응답

설핀
그 빛 사이로
고개 내민 버들강아지
바람에 흔들린다는 신호로
이내 봄은 언덕으로
그 전령을 기별하리라고
곧 오리라
그리 믿어 꽃은 피어나는 데
저만치에도 사람이 보이지 않는다
사람은 있는 데 사람 없고
사람은 없는데 자취는 있어서
그 긴 그림자에 몸을 숨긴다

문득
그리고

꽃향기가 들어오고
햇살이 밝아진다
깨진 구름 새로
부르지 않던 봄의 계절
노곤한 눈에 흔들리고
임을 닮은 꽃이 지천에 널려간다
사람이 보고프다면
그리워질 사람이 되어야겠다

봄은 아프게 온다

못내 아픈가보다
언젠가부터 봄은 그렇게 오려고
차갑게 하얀 별들이 바람을 타면
몹시도 추워야 눈을 볼 수 있다고
너무도 보고 싶은 것은 그 까닭이라고
움츠린 이 가슴이 울렁거리면
그대 닮은 눈의 빛으로
눈은 하얗게 내리는 것이라고
서설(瑞雪)을 향한 그리움이 지나간다

현재는 희망을 모르는 순간
그 뉘라도 삶은 증명하지 않는다
하얗게 믿는 것이라면
차가운 눈이 나리는 날에도
진실로 그리워해야 하는 것은

할 수 있는 거친 이 삶을 극복하는 것일 뿐
이렇게 아프게 봄이 온다 하여도
믿어 걱정하지 않는다
그대는 오늘을 사는 이 삶의 보증,
다가올 순간들을 그대를 위한 사랑에 맡긴다

붉은 장미

한낮에 피어나는 붉은 별이런가
간밤에 써놓았던 사랑의 러브레터
아직도 그 설렘 있는 이 마음 전해주오!

사랑 계절

시간을 넘기고 넘어서
그대의 의존자가 되는 건
다름 아닌 이유로
계절이 물든다는 건
설레는 날에 느껴야 할 삶의 온도로
이미 느꼈어야 할 세월 앞에
언제 사랑을 하느냐는 물음으로
들이쉬고 내쉬며
부활하는 숨이 마주하는 순간
좋아서
좋아서
다른 까닭 없이
그대라서 이쁘다고
알아야 할 건 그것이라고
내게는 그대 보는 지금이
사랑을 맞은 계절입니다

사랑 그 한마디

그대 있는 삶이어서
아직 사라지지 않았다면
기침도 작게 하고
울먹임에 숨죽이며
분노하는 삶의 흔들림으로도
어제보다 더 먼 기억 속에는
벌레 먹은 가지들은 삶아
버티지 못할 만큼 말이 없어져 간다 해도
야윈 마디에 숙여지는 고개로
살아있음에 기도를 올린다
존재를 확인하여 별을 찾는 몸짓으로
일그러지는 몸서리는 힘겨워 가는데
두 손은 마른 풀잎에 떨려만 가는데
삶이 나를 미워하는 줄 알았는데
다독거려는 그대의 눈빛으로

나직이 사랑한다는 그 한 마디에

서러워 울컥하여도

삶에 진 것은 아니었다

사랑, 그 한 마디가

겨울 물살의 얼음이 조약돌에 걸리고
넘어지고 어깨를 쳐지게 하여도
움직이지 못한 만큼
마음에 맺힌 상처가 나풀거려도
따뜻한 빈 주머니를 뒤척인다
다 잃어도 잊을 수 없는
시련은 나에게만 주어진 것이 아니어서
끊임없이 이 삶에 무엇이 소중한 것인지를 알게 한다
운다는 것은 잊지 않은 약속이라며
다정한 그대의 한 마디로
어느 날이어도 고단한 삶이 녹는다
언제고 돌아와야 하는 뒤의 봄날을 위해
기어이 가슴 품어
찬바람 속에도 피어나는
작은 싹 봉우리가 보인다

사랑한다는 그 한 마디!
눈물 고인 가슴이 다시 울먹인다
아픈 것을 잊게 해준다

사랑 그것

사랑!
몰라도 아는 것 같고
알아도 알 수 없더라
철이 되면 꽃은 향기를 품어주는데
세월 가도 사랑 그것은 알 수 없더라

그래서 정했다
사랑 그것, 꾸밀 수도 없어
사랑 그것, 속일 수도 없이
사랑 그것, 감출 수도 없이
할 줄 아는 건 그저 같이 곁에 있고
할 줄 아는 건 그냥 함께 웃어 주며
온전히 다 주고 싶은
꼭 다 알아야 할 건 아니더라

사랑

오늘도 그랬다
한 걸음에 떠오르는데
속삭이는 그리움의 그림자
뒤따라오는 흰 눈 그 속으로
신기루에 들떠 보지 못하고
다가가면 더 아른거린다
웃어 귀엽도록
한 사람 누군가 아름답다고
여기게 하던 어느 날이어도
사랑스러이
어느 식당 창가에서도
손수건 하얗게 계절 잊은
붉어 고운 장미는
언제나 그대였다

사랑의 느낌표

투둑
투두둑
비가 나리는 오늘이라는 오늘에도
세월의 깊이는 이제를 더하고
뿌연 하늘이 눈에 고이는데
바람이 스쳐간 꽃잎 하나 어깨에 내린다
잊지 않았던 신비이다
본바탕 그대로 고스란히
지나가는 비는 연정의 울림이 되고
꽃잎들이 꽃비로 흩날리어
보고 싶다는 말은 없는데도
봄은 그리움의 싹을 틔우고
그리움은 사랑의 꽃을 피워간다
비탈진 언덕의 하얀 민들레
거센 바람에 흔들리어도

허공의 반음 그리고 들의 온음이 스미고
향기로운 아우라에 아무 생각도 없는데
보고픈 그니가 떠오른다
눈빛의 투정에도 미소로 받아주고
가끔씩 닿는 어깨에 기쁜 긴장까지 더해준다
고혹(蠱惑)의 안개 속에서
아무리 그렇게 해야 하는 것을 생각해도
사랑으로 채우는 이런 날에는
그대가 보이는 까닭은 하나다

오늘은 그냥 보고 싶다
그대이니까

사랑의 무적막(無寂寞)

그리움은 마음이 아프다는 것
한 밤중에 마당을 쓰는 것은 별빛을 모으는 일이지
노랗게 흘리도록 눈을 감고도
도통 말이 없어도
쉬어야 할 잠을 청하지 못한다는 뜻이겠지
더러 어느 바람에도
나뭇가지는 흔들리지 않고
약한 풀에 이슬이 미끌리지겠지만
사는 것은 복잡하지 않아
아름다워야 했을 착각에 멋쩍어도
사랑은 시간을 정하지 않는다는 것이지
또 쓸어야 할 마당에는 나뭇잎이 내리니까
혼란하다는 핑계는 깊이 고민하는 거일거야
모르는 거 같은데 별은 흔들리는 법이 없어
이 시간에 별을 보는 까닭이기도 하지

나뭇가지가 굵어지는 것도 별을 닮아가려는 것이니까
진중할수록 빠르게 할 필요가 없다는 말은 사실이야
흔들릴 때는 진실을 의심할 때뿐
고목이 아프지 않다고 하는 데
그 사실은 진실이 아니지
나뭇잎이 떨어질 때에
울지 않으려는 건 보고픔이 쌓였다는 것이고
다시 필 꽃을 기다리는 것이겠지
그니 생각만으로도 쓸쓸하지 않다
그 다음에는 아무 일 없다는 듯이 있어야 하는데
별을 헤며 베갯잇을 꼭 끌어당긴다
마르지 않은 샘처럼
그대를 그리워하게 만든다

사랑의 바위

움직이지 못한 그 숙명이어도
나, 그대를 기다리어라

빛 밝히는 새벽녘
고이 다독이는 저 별들
이슬은 붉은 장미 끝에 고이 스미는데
사랑, 그 한마디 하지 못하고
여린 별빛들의 길라잡이에
무심한 변명도 없이
흘러 닿지 못한 때를 돌아
꽃잎에 내린 그 이슬
그대가 보내는 사랑이라며
거친 겉은 열린 시련의 응축일 뿐
미소도 없이 다정은 아니 혀도
안팎 같은 몸짓으로

그대밖에 보이지 않은 세상이려니

언제라도 변치 않는 바위로

나, 그대를 기다리어라

사랑의 미소

봄이라 그리 하야 내세워 연정으로
새초롬 분홍빛이 고목에 흩어진데
어여, 이내 마음은 그님만 향하노라!

한낮에 나른 향기 가슴에 담아놓고
노을에 부는 바람 두 손에 붙들고서
어데, 님 뵈는 날에 고이 놓아 드리리!

그리워 보고픈 때 가리지 그 못함에
별들이 떠오르고 달마저 밝을 적에
꽃잎이 미소 지으면 이 맘으로 아소서!

사랑의 정체

너
본다
참 알 수 없다
보아도 다시 봐도
잊은 듯
잃어버릴 듯

시작은 있으나 끝이 없는 미완성마냥

사랑이란

셀 수 없는 밤하늘의 별들보다
그 많은 개념
읽어도 알 수 없고
들어도 다가오지 않아
다 몰라도 되는 건 아닌데
꼭 알아야 하는 것도 아닌 것 같아
내가 아는 사랑이란
너만 있으면 되니까

산다는 것은

이 삶
속울음으로 찰나를 쌓고
한 되박 마시고서야
인생을 안다면
몹시도 값싸다고
가슴을 두드리는 설움으로
끝내 온몸이 인생이라는 것을
너무도 늦지 않게 아는 순간
벌써 지나갔다고
그리고도
입술 물어 세월 보낸다 해도
가장 행복한 순간
아직 지나지 않았다고
자꾸만 중얼거리는 것이야
버티는 눈물들이다

살아가는 인연

삶이 울먹이는 어느 그 날
보이지 않아 헤매어
다 내려놓아 삶은 아픔이라고
날개 없이 떨어지는 것처럼
두려운 무엇도 없이
울어 슬픔마저 망각하고
스스로 그늘에 뉘여
기억마저 떠오르지 않는데
어렴풋이 살아 있음을 확인시킨다
여린 여울에 어른거리며
하얀 안개 속에서 향기를 내어
무디어 굳은 곳에 빛이 서린다
흐느끼던 가슴은 두근거리고
수영(秀英)의 꽃인 까닭에
존재의 까닭을 거듭나게 한다

그리움에 가슴 고이 기울이고
이제는 무엇도 두렵지 않는다
그대 있어
고된 삶이어도 나는 갈 수 있다고

살아야 할 까닭

주문하지 않은 쓴 인생에
달콤함이라는 사랑을 첨가했다

쓰디쓴 삶이라 하여도
순간순간 떠오르는
그대를 생각하며
사랑을 믿기 때문이다

삶의 본능

하늘 바닥에서 비가 나리고
그니가 생각나는데
달빛에 빨려 올라 별은 녹고
허공의 기운에 눌려
꽃향기 새어나지 못한 밤
빗줄기는 가늘어져
그리움이 미소를 짓게 한다
생각만으로
삶의 고마운 존재이다
당신, 그대
왜 사랑이 중요한지 내 삶의 답이다

3월의 임이여!

그 어느 날을 기약하며
숨겨진 꿈 달콤한 새벽까지
별이 어둠의 계절을 녹이면서
마른 풀잎 이슬에 돋아나도록
얼어버린 순간들을 깨워
새움의 꽃을 틔워 흩날리는 그때
자그마한 이 좁은 가슴으로
일상에 지친 시선을 빼앗기엔
지나간 여백마다 채워지는
그 설레임에 느끼는 것이라면
저 너른 동토의 끝을 보내고
생명의 불씨 지피는
그 어느 순간 고개 들어
순수하다는 그 담백한 향을 위하여
겨웠던 빙하의 날은 회우의 보험으로

감내해야 했던 세월은 그 모둠이라고
언젠가 그대를 향해
너무나 풋풋한 사랑하기 위하여
마음으로 기억하고
외로워도 기다리는 한그루 나무가 되어
진정 다 주어도 아깝지 않을
그대, 아름다운 임을 뵈리라

기도하는 나에게
3월 어느 날
순수하게 한 통의 아름다운 연서처럼
언젠가 나무가 정말로 이야기해 준다면
세월이 무심코 지나칠 때도
내 뒤에 수북이 쌓여 있는 건 그늘만이 아니라
시들지 않은 볕이 들어
스스로를 뜨겁게 사랑해야 할
외로운 나무로 꽃을 피워야 하는 까닭이라면
그대 있어서라 말하리라

수련

그럴지도 모르지요
연못은 샘물로만 채워진 건 아니어서
맑은 물에도 그늘은 있고
가뭄에 말라간다면
토라지는 것도 무리는 아니겠지요
이제일까 저제일까
고이는 것은 그리움인데
점점 더 보고파지면
그래도 견디어 그리워지면
아프지 말라고
너무 아프지 말라고
잎사귀 넓혀 두고 기다리면서
바닥에 활짝 피어
얇은 수면에 무지개 미끄러지는
그 때에 뵈올 그대를 위하여
이 가슴은 작은 연못이랍니다

숲에는 시가 있다

숲을 걸으며
주어진 길을 찾지 않는다
바람의 인기척이 설어
푸드득 새들이 놀라 나르면
익어가는 여름날의 인사로
소리 없이 웃음 짓고
여린 풀잎을 스친다
이름답도록 물과 바람에 걸러
오직 그대만을 떠올리는 것으로
넘쳐 바라지 않아
숲은 사랑의 기쁨을 움트게 하고
싱그러운 잎새 애태우는
햇살의 향기를 마신다면
그리움의 이 숲에서는
누군가 시를 쓰고 있는 것이다
어여쁜 그대를 위해서

쉼터

이루지 못했다고 해도
바랄 것 없이
하루를 받아내는 건
존재하는 당신의 이유로
그것이면 된다

지치고 힘들 때
나를 찾아오면 돼

아카시

달콤한 하얀 향기 그날의 언약 표시여
세월에 잊어버린 비탈길 것이런가
그리워 이 가슴 깊이 그 꽃 다시 피는데

애달맞이

1
이제야 오실까
저제야 오실까
길어진 노을 지면
행여 돌아오실까
사립문 긴 그림자
떠오르는 달이여
못 오는 까닭이야 있겠지마는
길 잃고 아니 못 오시는 님이여
문설주 짚어보며
두 눈은 글썽인데
이제야 오실까 저제야 오실까

2
이제야 오실까
저제야 오실까
밤새워 울어보면
이 마음 아시올까
고요한 적막에
눈 밟히는 님이여
풀벌레 달빛 우는 사연에
그리움 넘쳐 기우는 달이여
새벽까지 님 찾는
저별의 애달맞이
이제야 오실까 저제야 오실까

어느 여름의 단꿈

때 되면 부는 바람
그것이야 하겠는가마는
소매에 드는 서늘함
옷깃에 스치갈 제에
논두렁 걸터앉아
논물에 젖은 땀이 마르고
여름에 햇살 기다린 모종이야
마파람이 이파리를 쓰다듬으면
어찌 들판 연한 물살에
결이 곱다 아니 그 못하더니
기다릴 고단함이라면
벌꿀의 달콤함을 한 술 얻고
하얀 나비 나래에 시원함을 몰아
그늘을 내린 나무 가지 밑에서
천년의 단꿈을 찰나 맡기고

이제 막 설운 개복숭아
그 솜털이 바람에 재워지면
한번은
한번은
꿈을 이루어 줄만도 한데도

여린 창포

때로는 알 수 없이
굳어 작은 조약돌처럼
원초의 사랑이 없을 흔적 마냥
늘 그렇게 맡긴 세월에서
무의식적으로 고개를 돌린 순간
한 치의 희망 틈새
물결 위 명상의 흔들림 엷게
이슬방울의 여울 속으로
아주 작은 무지개의 두근거림처럼

하얀 꽃송이
그 고움마저 스스로 모른 채
그 후로 오랫동안
그 누구도 아닌 그대를 위해
아름다운 꽃의 단장을 했을 것이지만

영혼의 이 존재를 확인시켜준
그대 사랑 기쁘게
이 몽환에서 헤어나지 않도록
햇살 하얗게 퍼지는 이 아침에도
그리워도 더 그리워
보고 싶어서 보고 싶어서

연(緣)

까만 쪽빛의 바다
별빛이 비가 되는 그 허공으로
기억의 아름다운 여운
그것을 그리움이라고 하자
헤어본 빗방울만큼
두드리는 설렘으로
그니가 그려지고
창문에 내리어
그리움을 씻어
흘러버릴 줄 알았는데
빗물이 가슴에 가득차면
더 가까이
그 사람이 떠오른 이유
많이 보고 싶은가 보다
웃는 모습이 무지개 같은
그 사람, 그대가

예쁜 가을의 이유

가버렸거나
지나쳐 왔거나
아니면 스쳐 담지 못한 것들
보내던 순간에도
어느 곳에 있었든
떨어진 낙엽에서
내가 쓴 일기를 다시 읽어
예쁜 것으로만 추려
삶이 좋은 까닭을 찾는다면
내가 되는 그대가 있어
예쁜 가을의 이유를 찾는다
삶에는 예습이 없는데
아직도 써야할 백지에는
사랑으로 읽을 그대가
이 가슴에 있다

오늘 그리고 꽃과 나

오늘은 살아있는 날
오늘은 살아가는 날
하루하루
그리고 또
나는 꽃을 보고
꽃은 나를 보고
오늘에 오늘을 비상하는 것이라며
오늘을 오늘에 살아있는 것이라며
작은 삶은 없는 것이라고
햇살 적은 곳에서도
오늘의 행복을 쌓는다
이렇게라도 하지 않으면
삶이 너무 힘이 들 테이니
아무렇지도 않게 피어나지 않았을
지금 이렇게

나는 꽃을 보고
꽃은 나를 본다

오늘도 그리고 또 오늘의 오늘도
서로 의지하면서

이 가슴의 애(愛)

그 어느 날에도
긴 밤 지새우는 별처럼
사랑 들어와 있는 이 가슴
잊어 지을 수 없이
목마른 사슴의 초라한 방황처럼
들에 핀 상처가 아물지 못해
그 꽃의 세월이 너무 짧아
기다리는 아픔이어도
그대 없어 힘든 미로엔 빛은 없어
혼자 두지 않을
이 숨의 다짐이기에
바람에 떨어지지 않을
꽃잎의 조바심으로 더 서러워
이 가슴 떨며 기울이는 이 귓가에
지금처럼 또 지금처럼

그대 다가오는 걸음으로

언제나 지금처럼

그리고 영원하라고 기도합니다

이 삶에 목련같이

신비의 자줏빛을 꽃잎에 빚어두고
계절의 흰 거품을 허공에 비켜둘 제
못 잊을 이 봄의 나래, 비상을 준비한다

사리어 몰래 하는 그것도 아니언데
한 잎에 또 한 잎이 고이도 벗겨질 제
봄날에 불사의 홍조 잉태되는 비너스여!

보아서 그 보아도 되돌아 다시보고
비비어 그 훔치고 다가서 또 볼 적에
담 너머 품어둔 그때 가슴이 떨려온다

못 잊어 돌아보고 어쩌다 마주할까
못다 한 그 사랑이 자꾸만 겹치온데
지나간 이 세월이야, 그저 무심하고나!

긴 언덕 제비꽃이 모이어 피일 때면
언제고 돌아온다 그 다짐 묻혔는디
이루지 못난 그 사랑, 이제도 애가 인다

허공을 유영하는 구름은 고요한데
시샘의 세월바람 괜스레 탓을 해도
아쉬워 보고 또 보며 스쳐가는 바람에

언제나 이 자리를 지키는 사랑으로
이리도 그 추억을 보내는 정이라면
찰나의 미련이어도 그니를 생각한다

이 삶에 그 비하여 이 꽃이 낫다헌디
보내고 다시 오는 이 봄이 그러하듯
필 때도 지어 갈 때도 이르지 그 않더라

이 삶을 비춰주는 그 마저 사랑이라
이 향에 다독이며 그 마음 품어줄 적
그 자취 아름답도록 갈피를 덮어준다

봄바람 밀려가는 구름이 구름이듯
아련히 돋아나는 세월도 사랑일 제
이 삶에 목련과 같이 떠오는 인연이여

이 삶의 희망

왜 사는가 묻거들랑
이날이 고아서
결코 사는 것이 외롭다
그리 이르지는 못한다 해도
웃어 기쁜 것은 슬프지 않아서가 아니려니
향기 없는 삶이라 하여도
하늘처럼 보아주리라
들처럼 뉘여주리라
꽃들처럼 피어내리라

꿈을 놓을 수 없는 까닭
늬가 있어서라고!

이 삶의 햇살

기다리라면 기다리며
지난 자취에 삶은 고여가도
말라 가는 아쉬움을 보내주어야 한다

그러나
닫혀버린 날들에
다가오지 못하는 옛이야기
저 멀리 밤하늘의 빈 공간에서
이름 없는 풀의 춤에도 별들은 반짝인다
줄 수 없다면 웃는 것으로
살아 갈 수 있다는
따스한 햇볕에 봄날의 바람 소리
듣고 싶었던 음성이 떨릴지라도
사라지라는 것이 아니라면
잃어버린 기억들에도
햇살과 바람이 들어온다

잊으라고 하는 날까지
늘 두려움에 맞서도
넝쿨에 걸린 사슴의 눈으로
나무 그늘에서 숨어 우는 나에게
사랑을 전해주는 그대 있어
무엇으로 살아야 하는지
나는 의심하지 않는다

2월의 연(戀)

보고픈 날에
미리 사흘을 떼어내고
사랑을 찾아 나선다
애달파 검은 가지
가슴 붉어 가고
못내 기다리지 못해
매화 꽃잎 흩날릴 적에

그대여서
그대라서

닿지 못한다 해도
보고 싶을 걸 어떡하라고

이유 있는 고독

이 가슴
아주 가끔이라도
삶에 지친 영혼이어도
가장 행복한 순간
오지 않는다 하여도
지금 이대로의 존재로
간절히 기도하느니
다른 것은 없노라고

사랑 있는 바램으로
스스로 견디도록!

인연(因緣)

기억 속에 숨어 오랜 자취로
늘 그 자리에 머물러
마주보지 못해도
그리워하는 건
사랑스러이 생각하며
사람의 행복을 비는

이뻐서 소중하기 보다
너여서 이쁘다

참사랑 I

가지지 못해
의존하지 않는 거라면

참사랑 II

덩그러니
혼자 있게 하지 말고
조금만
아주 조금만이라도
관심을 주었다면

청춘은 늙지 않는다

한 송이 꽃으로도
흔들린다면 청춘이겠지
모를 땐 그런가보다 했다
그렇다고 지금에 와서
흘러버린 시간에 미련은 없고
늦지 않은 지금에도
늙지 않아야 할 이유는 분명하다
열정은 모든 것을 가능하게 하고
무지개에 가슴이 뛰고
어렴풋하게 보이는 것에도
주저하지 않을 순간은 언제나 지금
태양과 별과 달 아래
꿈을 또 가져야 하는
청춘은 늙지 않는다

초설(初雪)

지나간 세월 하얗게 녹이고
하얀 바람에 전보를 보내면
포근히 밀리는 긴 그리움이 속삭인다
보고 싶어 또 보고 싶어
간절한 마음에
뒤따라 딛는 걸음에도
다시 또 설렌다
나는 보고 싶은데
당신도 보고 싶을 텐데
눈을 쌓이지 않고
말없이 사라지고 또 말이 없다
하얀 엽서가 너무 작아서
저 들판 하얀 편지 되는 그 때
그 위에 서서 다 못했던 그 말
사랑한다고 후회 없이 외치리라

첫눈이 아니어도

언제나 너는 설레는 님의 소식이다

코스모스

흐르는 흰 구름 쪽빛에 물이 들고
이 어여쁜 꽃잎들 나보고 어쩌라고
두 눈을 감으나 뜨나 너만 보이는 데

콩깍지

만지면 녹아질까 안으면 닳아질까
눈 풀어 담아보는 그 마저 애 탈적에
그 사랑, 완미(完美)이려니, 무에 비할꼬!

푸른 이파리

사랑을 어떻게 하는 줄 몰라도
바람에 너울거리고
새초롬히 삐쭉거리고
밤새 이슬에 떤 움츠림에도
모두 네가 좋고
그냥 이쁘고
너여서 사랑스러운 걸

풀잎의 봄

봄이언가, 사랑이여!

새 순이 돋아나는 날
연둣빛 짧은 그림자에
여리어 짙은 봄이 오고
아지랑이 흔들리면
눈 감아 괜스레는 아니어라
품어나는 향기가 있어
꽃샘바람 거세어도
닳지 않은 그리움
보고 싶다는 말 못해도

사랑하는 그대여
이 마음은 풀잎처럼 커져만 간다오!

햇살

따사로운데
창이 떨리고
이쁜 생각을 떠올려도
울적함은 달아나지 않고
자꾸 헤집어 든다
멀리 흘려보내야 하는대
아픈 날이 길어진다

오늘을 견디고
내일은 믿어야지
늬가 있어서

행복을 묻는다면

말없이
멀리서도
슬그머니
미소 주고 끄덕이고
못내 아쉬운 표정으로도
홀로이어도 견딜 수 있어
더 바라지 않는
그대 모습으로도
이 삶은 행복해야합니다

호반의 원추리

흐르면 닿을까나 닿으면 보시올까
물위에 비췬 맵시 보내는 마음인 제
애타지 아니라는 듯 바람에 흔들린다

있는 듯 없는 듯이 속마음 아니라고
목 빼고 가녀리어 들키고 싶을 적에
주황빛 사모이려니, 언제 님을 뵈올꼬!

환상으로부터

막막한 바다
한 조각배 갈 길을
비켜주오. 흰 파도여!

고달픈 육신이
영혼의 쉼터가 아니라 하여도
좌절이라면
할 만큼 하게 했으니
고통의 틈을 열어
가게 할 때도 되지 않은가!

기다려야 한다면
기다릴 것이나
더 늦지 않을 시간에
일어서려는 의지를
억누르지 말아주오

가진 게 희망뿐인 이 존재에게

오컬티즘(Occultism)의 인문학

돌아보는 그 때마다
꽃은 흔들거리나 어수선하지 않는데
봄을 헤매게 하는 4월에는 늘 생각이 많아진다

떨어진 후에야 아무래도
꽃인 줄 알았다는 낭만을 알아차린다면
제비꽃으로 위안 삼는 날이 슬프다 하여도
서풍을 몰아 편서(偏西)바람의 갈퀴를 재워
꼬리 떨어진 혜성(彗星)이라는
그 작은 꿈은 자유로웠다고
본능의 참을 믿는 몽니로
착한 체 목숨을 거는 독초의 도리깨질에 맞서
진실을 털어놓고
시답잖은 사실의 혼동을 대신하여
어두운 일몰에 흥분을 감추지 못해도

고집스럽게 정곡(情曲)의 별들은 있다
아직 시간에 서성이지 말라!
서(西)아프리카의 미라쿨린(miraculin)이여!
미루어 짐작하는 해석학의 끈을 조여
무혹하는 찰나의 인문학은
선한 체 하는 치(癡)를 해체하고
낙하점이 긴 폭포에서 인간의 종을 울려야 한다

다시 보는 4월의 끝자락에서
그냥 피어나는 꽃은 없다
그리움이 작아질까 자꾸만 별들을 올려보며
신전(神殿)에도 거미줄이 있으면
더 인간적(人間的)이라고
기우제 없이도 대지를 적시며
언덕을 기울게 하여 흙의 향기에 취해도 좋다

은비(隱庇)할 그 무엇도 없이 풀어 해방이라면
속삭이는 변곡(變曲)을 편집하는 대안으로
기울여 도려내진 역사의 복판에서 시든 꽃잎을 들고
땅에 기대어 복본(複本)의 소리를
우리는 들어야 한다

돌아보아 이 4월의 마지막 날에는
황폐한 계절의 우울한 나날을 씻어줄 비를 기다리며
야생(野生)의 오컬트(Occult)를 엮어
해마다 못다 피어도 아프지 않을
홀로이어도
다시 필 생명을 향하여 사람의 밭을 일궈야한다
불가사의한 것들이 정말 아름다움을 헝클어놓기 전에
그날의 그날에는 적은 생각만으로
가슴 뛰는 봄의 이야기를 들어야 하는 까닭이다

삶=사람+사랑

| 발행_ 2025.09. 25
| 인쇄_ 2025.09. 25

| 글_ 정이담
| 편집_ 제이비디자인
| 발행처_ 제이비(JB)
| 출판등록번호 _제2018-000009호
| 주　소_ 전주시 덕진구 석소로 9-4
| 전　화_ 063-902-6886
| 이메일_ jb9428@daum.net

값 15,0000

ISBN 979-11-92141-55-8

| 파본은 구입하신 서점이나 발행처에서 교환해 드립니다.
| 이 책은 저작권법에 의해 보호를 받는 저작물이므로 무단전재와 복제를 금합니다.